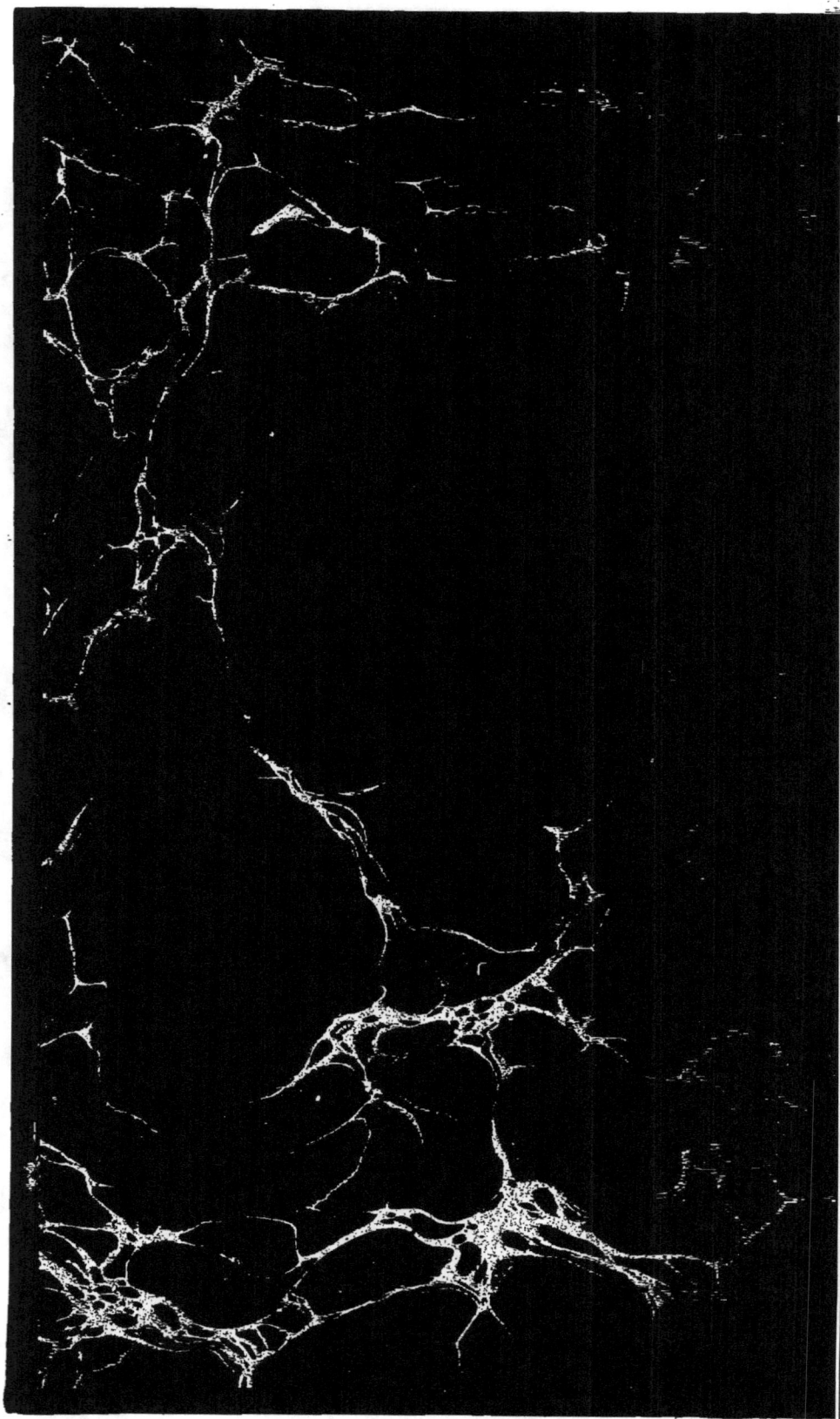

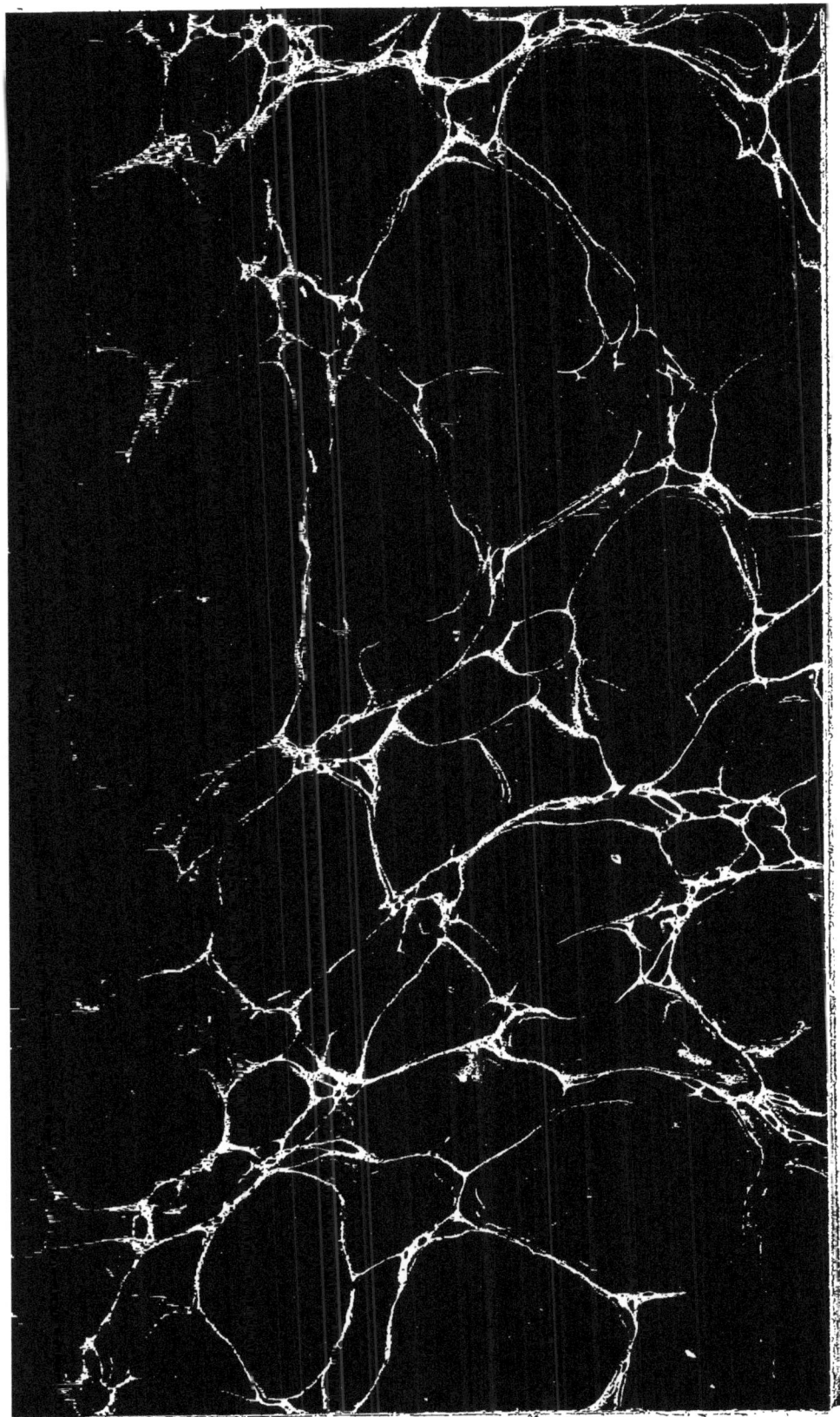

X

83680

EXERCICES ÉLÉMENTAIRES

DE

STYLE.

PREMIÈRE PARTIE.

Exercices préparatoires.

élève

PAR

P. CUREL.

TOULON,

IMPRIMERIE DE Vᶜ BAUME ; RUE DE L'ARSENAL, 17.

EXERCICES ÉLÉMENTAIRES

DE

STYLE.

PREMIÈRE PARTIE.
Exercices préparatoires.

PAR

P. CUREL.

TOULON,
IMPRIMERIE DE Vᵉ BAUME, RUE DE L'ARSENAL, 17.
1849

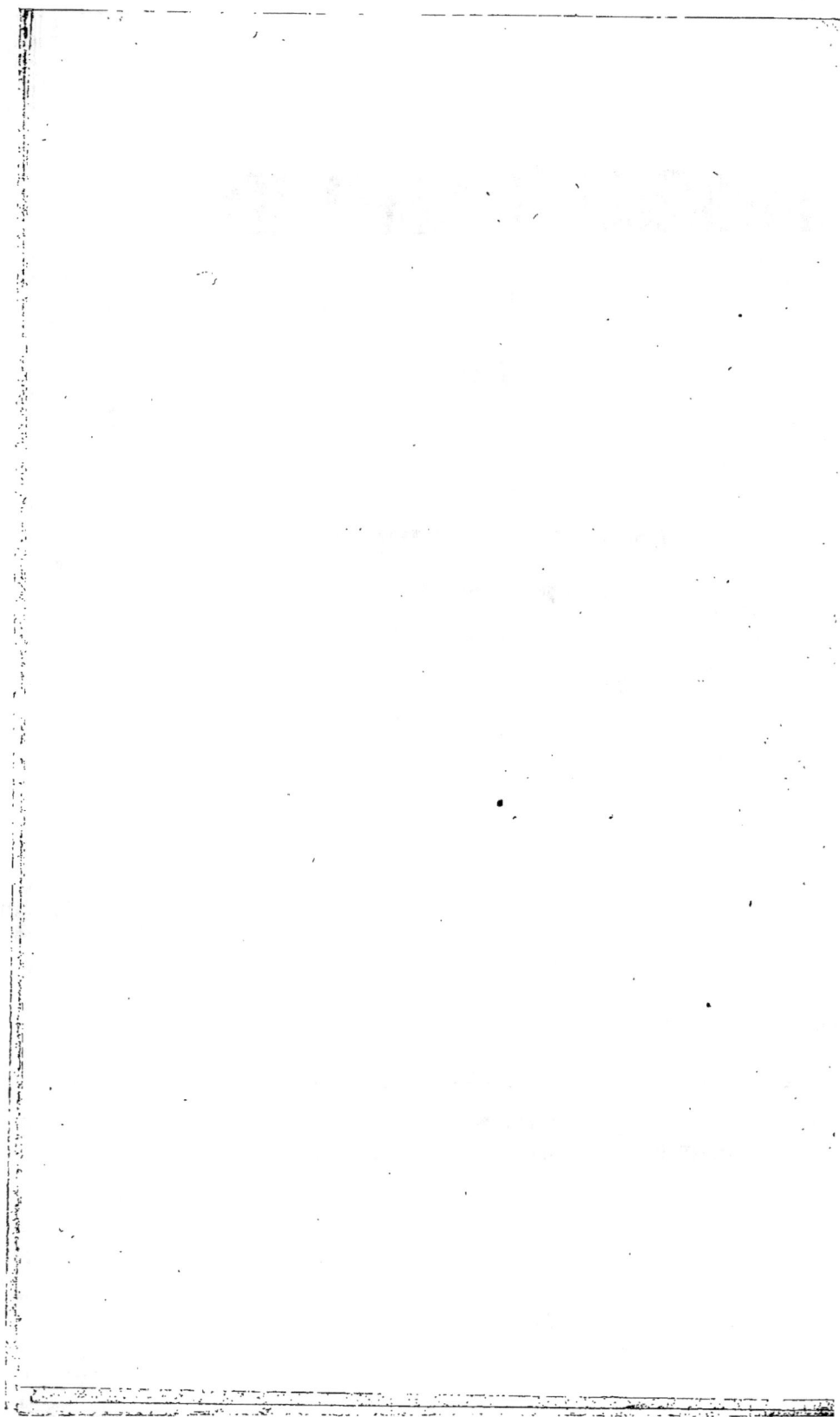

PRÉFACE.

Dès qu'un élève a récité les règles de la grammaire ; dès qu'il peut corriger de lui-même les fautes contenues dans les exercices de Chapsal ou de Bescherelles , l'instituteur le soumet à la *composition* , pour lui donner l'habitude d'un style soigné ; car on peut écrire correctement, sous dictée, une page hérissée de difficultés grammaticales, sans être capable pour cela de tourner une phrase avec élégance.

Mais de l'étude de la grammaire à la *composition* la distance est grande , et l'expérience nous prouve tous les jours combien ce brusque passage prépare au professeur et à l'élève d'embarras et de déceptions.

Pour écrire d'une manière convenable , il faut avoir une somme d'idées qu'un enfant ne saurait trouver dans son propre fonds ; il faut avoir de plus la connaissance des *formes* diverses que la pensée est susceptible de revêtir , pour être exprimée selon les règles du bon goût. Demander à un jeune élève la composition d'un morceau de littérature, sur un canevas donné, c'est demander à un jeune manœuvre inexpérimenté, la construction d'un monument d'architecture, d'après les règles de l'art, sans lui fournir tous les matériaux nécessaires. Aussi nous savons au prix de quelles peines nous parvenons à obtenir de nos élèves, quelques compositions passables.

Entre la grammaire et la composition, il y a donc évidemment une lacune. J'ai essayé de la remplir par mes *exercices pratiques de style*.

Ces exercices sont divisés en trois parties, qui forment trois petits volumes séparés : les *exercices préparatoires, les exercices de style simple et les exercices de style figuré*.

Par les *exercices préparatoires*, l'élève apprend à déterminer le sens d'une *proposition* vague, soit en donnant des compléments au sujet et à l'attribut, soit en y ajoutant des propositions incidentes. Quelques exemples suffiront pour en faire comprendre la nature et l'utilité.

Soit cette proposition : *la volonté peut*. L'élève en complète le sens, en donnant au sujet *volonté* et à l'attribut renfermé dans le verbe adjectif *peut*, tels compléments qu'il juge convenable.

Il dira par exemple : *la volonté* de Dieu *peut* tout.

Ou : *la volonté* de réussir *peut* faire surmonter les plus grands obstacles,

Ou : *la* ferme *volonté* de nous corriger de nos défauts *peut* développer en nous les plus belles qualités.

Ou : *la volonté* énergiquement exprimée de se faire obéir, *peut* dompter les caractères les plus rebelles.

AUTRE EXEMPLE : *les allées plaisent.*

Les *allées* du parc *plaisent* moins par leur régularité que par la beauté des arbres qui les ombragent.

Ou : Les *allées* solitaires *plaisent* surtout quand elles sont éclairées par la pâle lumière de la lune.

Ou : Les *allées* sombres et tortueuses *plaisent* à ceux qui veulent se livrer à de graves méditations.

AUTRE EXEMPLE : *Dès que l'orage se fut dissipé*.....

Dès que l'orage se fut dissipé, je sortis tout

tremblant de la caverne où je m'étais réfugié.

Ou : *Dès que l'orage se fut dissipé*, les oiseaux voltigeant çà et là dans la campagne, saluèrent, par leurs chants, le retour du beau temps.

Ou : *Dès que l'orage se fut dissipé*, les habitants du hameau, l'air abattu, allèrent contempler les ravages de l'inondation.

Le professeur doit laisser aux élèves toute liberté dans le choix des compléments. Seulement il doit relever toute expression impropre, oiseuse, triviale, insignifiante. Les *exercices préparatoires* ont pour but d'accoutumer les enfants à n'employer que des mots dont ils connaissent parfaitement la signification, à ne rien dire qui ne soit vrai ou vraisemblable, à faire des conjonctifs un usage judicieux, et à n'adopter que des constructions régulières. Aucune opération n'est plus propre à exercer leur jeune imagination et à former leur jugement.

Quand les élèves ont épuisé les exercices préparatoires contenus dans ce volume, le professeur peut leur proposer de *construire des phrases sur des mots donnés, pris isolément.*

Le dictionnaire est ainsi une source inépui-

sable d'exercices préparatoires. On doit sou-
mettre les élèves à ces sortes d'opérations
jusqu'à ce qu'ils soient capables de composer
régulièrement une phrase de plusieurs propositions.

Tout cela néanmoins ne suffit pas pour les
initier à l'art de bien écrire. Le bon style est
le fruit du bon goût, et le bon goût ne s'ac-
quiert que par la lecture réfléchie des bons
auteurs, et par la comparaison que l'on fait,
souvent à son insu, des expressions et des
tours de phrase qui choquent les convenances
littéraires avec ceux qui les respectent et s'y
conforment.

Cette comparaison, l'élève est appelé à la
faire dans les *exercices* de la deuxième et de
la troisième partie de l'ouvrage, lesquels
consistent à *traduire en bons termes* des pensées
trivialement exprimées.

EXEMPLE : Travailler à quoi que ce soit,
pourvu que ce soit à des choses innocentes,
c'est mieux que de ne rien faire.

Traduction : *Toute occupation innocente vaut
mieux que le désœuvrement.*

AUTRE EXEMPLE : Il y a beaucoup de gens
qui montrent un grand courage, et cela moins

pour s'acquérir de la gloire que de peur d'être déshonorés, en paraissant manquer de bravoure.

Traduction : *Le désir de la gloire fait moins de braves que la crainte du déshonneur.*

AUTRE EXEMPLE : Celui qui ne met que très peu de temps à s'enrichir, ne le fait pas certainement par des moyens irréprochables.

Traduction : *Une prompte fortune n'est jamais innocente.*

AUTRE EXEMPLE : Si ceux qui se donnent tant de peine pour faire parler d'eux après leur mort, pouvaient savoir ce qu'on dira d'eux, ou s'ils savaient qu'on n'en dira rien du tout, ils se tourmenteraient beaucoup moins.

Traduction : *L'ardeur de ceux qui font tout pour la postérité, serait bien refroidie, s'ils pouvaient prévoir ses jugements ou son silence.*

La deuxième partie comprend environ six cents phrases détachées, dans le genre de celles que je viens de citer. Elle a pour but d'accoutumer l'élève à la clarté et à la concision, sans exclure l'élégance.

La troisième partie est spécialement consacrée à des exercices de *style figuré*. Elle apprend à l'élève l'usage intelligent des ornements et l'art de donner à une pensée commune, un tour agréable ou piquant. *Presque toutes les choses qu'on dit, frappent moins que la manière dont on les dit.* (Voltaire).

EXEMPLE : On doit faire de la critique , non pas pour irriter les personnes qui en sont l'objet, mais bien pour les instruire.

Traduction : *Le flambeau de la critique ne doit pas brûler, mais éclairer.*

AUTRE EXEMPLE : De tous les édifices que le temps a changé en ruines , un vieillard vénérable est ce qu'il y a de plus beau.

Traduction : *De toutes les ruines la plus belle est un beau vieillard.*

AUTRE EXEMPLE : Il y a des pensées qui ne fixent notre attention et ne nous paraissent agréables que lorsqu'elles sont privées de tout accessoire et qu'elles sont vues toutes seules.

Traduction : *Telle pensée, comme une fleur, paraît charmante isolée, qui disparaît dans un bouquet.*

Ces exercices sont éminemment propres à former le goût. Les élèves y trouvent un grand attrait ; ils attendent la traduction du professeur , comme ils attendraient le mot d'une énigme dont ils auraient vainement cherché le mot.

J'ai cru devoir mêler aux pensées détachées qui constituent le fonds de l'ouvrage, un grand nombre de récits et de petites descriptions qui répandent de la variété dans les opérations.

Il est nécessaire que le professeur dicte tous les jours et fasse réciter les traductions, autant pour effacer l'impression qu'aurait pu laisser dans leur esprit, la mauvaise rédaction des phrases qu'ils ont eues à traduire, que pour enrichir leur esprit de belles pensées et de nobles sentiments.

Cet ouvrage ne donne à son auteur d'autre mérite que celui d'en avoir eu l'idée. C'est une simple compilation qu'aurait pu faire à sa place tout homme versé dans l'enseignement de la jeunesse. J'espère qu'il sera utile aux institu- teurs et aux institutrices très souvent embar- rassés dans la recherche et le choix d'exercices de style assortis à l'âge et à la capacité de leurs élèves

NOTIONS PRÉLIMINAIRES.

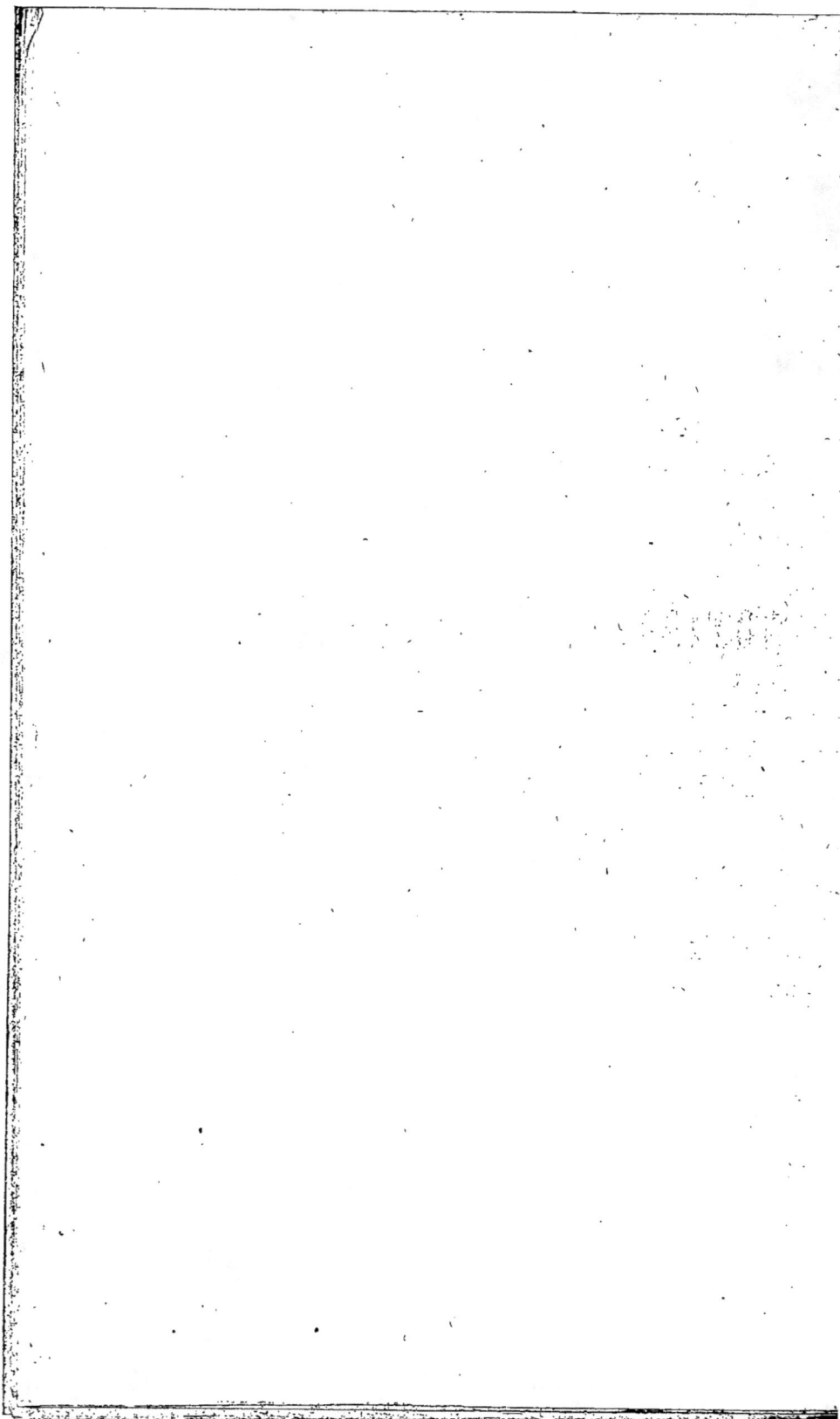

NOTIONS PRÉLIMINAIRES.

I

D. Que faut-il pour parler et pour écrire?

R. Il faut des idées et des mots pour les exprimer.

D. Qu'est-ce qu'une *idée?*

R. L'idée est la notion d'un fait. Quand l'esprit, par la pensée, s'est formé l'image d'un objet sensible ou intellectuel, il a acquis une idée.

D. Qu'entendez-vous par *objet sensible?*

R. Tout ce qu'on peut ou voir, ou entendre,
ou toucher, ou sentir, ou goûter : *une pierre, un
fruit, un animal,* sont des objets sensibles.

D. Qu'entendez-vous par *objet intellectuel?*

R. Tous les objets qui, sans tomber sous les
sens, n'en existent pas moins dans l'esprit, comme *étude, bonté, orgueil.*

D. Qu'est-ce que le *jugement?*

R. Le *jugement* est une opération par laquelle
l'esprit compare deux objets sensibles ou intellec-
tuels, et affirme que les idées qu'on s'en fait se
conviennent ou ne se conviennent pas. Par exemple : Pour affirmer que *la neige est blanche,* no-

rez ; et les deux incidentes : *vous serez hommes*
et *vous aurez acquises.*

Les propositions incidentes prennent différents
noms selon le rôle qu'elles remplissent dans la
phrase.

II

D. Qu'est-ce que le style (1) ?

R C'est la manière d'exprimer ses pensées
par la parole.

D. Quelles sont les qualités du style ?

R. On distingue, dans le style, les qualités *générales,* et les qualités *particulières,*

Les premières sont celles qui constituent l'es-
sence même du style ; elle sont invariables.

Les secondes varient selon la différence des sujets.

D. Quelles sont les *qualités générales* du style ?

R. Les qualités générales du style sont la *pu-
reté,* la *clarté,* la *précision,* le *naturel,* l'*élégance,*
la *noblesse* et l'*harmonie.*

D. Qu'entendez-vous par *pureté* du style ?

R. La pureté du style naît de la *correction
grammaticale* et de la *propriété des termes.*

La *correction* consiste à éviter l'emploi des
mots et des constructions qui ne sont pas admis

_____

(1) Ce qui suit est puisé dans le *Précis de Belles-Lettres*
de M. Boussou de Mairet.

dans la langue, et à ne jamais violer les règles de la grammaire.

La *propriété des termes* consiste à rendre une pensée par l'expression qui lui convient. Un terme propre rend l'idée tout entière; un terme peu propre ne la rend qu'à demi, et un terme impropre la défigure. On ne doit jamais employer une expression sans en connaître parfaitement la signification.

D. Qu'entendez-vous par *clarté*?

R. La *clarté* est la plus importante qualité du style : elle fait qu'on saisit sur-le-champ et sans effort la pensée exprimée par la parole. Elle est l'effet non-seulement de la *pureté* du langage, mais encore et surtout de l'*ordre naturel des idées* et de la *simplicité*.

L'*ordre naturel des idées* consiste à suivre la marche naturelle de l'esprit, en leur donnant à chacune la place qui leur convient, en les classant de manière à former une chaîne dont tous les anneaux se tiennent, sans qu'il y ait rien de brusque, rien de forcé.

La *simplicité* est la manière de s'exprimer; pure, facile, naturelle, sans ornements recherchés et où l'art ne paraît point.

D. Qu'est-ce que la *précision*?

R. La *précision* consiste à ne rien dire de superflu et à ne rien omettre de nécessaire. Le meilleur moyen d'être clair et précis, est de se rendre raison de ses pensées et de bien saisir ce qu'on veut dire.

D. Qu'est-ce que le naturel du style?

R. Le *naturel du style* consiste à rendre ses pensées et ses sentiments avec aisance, sans effort et sans apprêt. L'expression, même la plus brillante, perd son mérite, dès que la recherche s'y laisse apercevoir. Le *naturel* produit la facilité du style, c'est-à-dire un style où le travail ne se montre pas.

D. Qu'entendez-vous par *élégance* de style?

R. L'élégance du style consiste dans un tour de pensée noble et gracieux, rendu par des expressions châtiées et coulantes. L'élégance n'existe qu'à la condition de se concilier avec le naturel.

D. Qu'est-ce que la *noblesse* du style?

R. La *noblesse* consiste à éviter les idées triviales et les termes bas. Pour être noble et naturel à la fois, il faut un goût sûr et délicat. Ce goût se forme par l'étude et l'imitation des bons écrivains.

D. Qu'est-ce que l'harmonie du style?

R. L'harmonie du style résulte de l'arrangement, de la disposition, de la proportion des mots et des phrases. Pour obtenir de l'harmonie, il faut faire un choix de mots harmonieux, fuir le concours de mauvais sons, éviter les hiatus et les mêmes consonances, et faire le mélange judicieux du *style périodique* et du *style coupé*.

D. Qu'est-ce que le style périodique?

R. La *période* est un assemblage de propositions de différentes espèces qui concourent au développement d'une seule pensée. Le *style périodique* est formé par un enchaînement de *périodes*.

D. Qu'est-ce que le *style coupé?*

R. Le *style est coupé* lorsque les phrases ne peuvent se diviser en plusieurs parties. Il est le résultat d'une série de propositions courtes et détachées.

III

D. Quelles sont les qualités particulières du style ?

R. Les qualités particulières du style varient suivant la nature des sujets qu'on traite ou des objets qu'on doit peindre. Il faut savoir assortir le style aux pensées.

On distingue trois sortes de style : le style *simple*, le *tempéré* et le *sublime*.

D. Qu'est-ce que le style simple?

R. Le style simple est la manière de s'exprimer naturellement, avec facilité et sans que l'art paraisse. Il n'admet qu'un petit nombre d'ornements. Indépendamment de la plus grande clarté,

il se fait une loi sévère de la pureté, de la préci-
sition et de la propriété des termes.

D. Quand est-ce qu'on fait usage du style
simple?

R. Le style simple s'emploie dans les entre-
tiens familiers; dans les récits, soit en prose soit
en vers, tels que le conte et la fable; dans les let-
tres; dans les sujets où l'on se propose d'instruire,
et généralement dans tous ceux où l'on parle de
choses simples et communes.

D. Qu'est-ce que le style tempéré?

R. Le style tempéré est celui qui joint à
l'élégance et à l'agrément, un air facile et naturel
qui déguise l'étude et la gêne. Egalement éloigné
du style simple et du style sublime, il n'a ni toute
la finesse du premier ni toute la véhémence du
second; mais sa marche douce et coulante a l'heu-
reuse facilité de l'un et quelquefois la noblesse
de l'autre. Les expressions choisies, les tours
nombreux, les pensées fines, délicates, ingénieuses,
forment son caractère.

D. Qu'est-ce que le style sublime?

R. Le style sublime appartient aux grands objets, à l'essor le plus élevé des sentiments et des
idées. Supposez aux pensées un haut degré d'élé-
vation, si l'expression est juste, le style est sublime.

IV

D. Quels sont les défauts qu'il faut éviter dans le style?

R. Parmi les nombreux défauts qui peuvent s'introduire dans le style, on peut signaler comme les principaux :

1º *Le faux dans les pensées et les sentiments,* qui consiste à lier des idées qui se répugnent ou à désunir celles qui ont du rapport ;

2º *L'exagération, l'enflure,* qui viennent de ce que l'écrivain présente des pensées simples et communes sous des expressions pompeuses, ou de ce qu'il veut faire paraître grandes des choses qui n'ont rien de grand par elles-mêmes ;

3º *L'affectation, les recherches, les pointes, les jeux de mots,* défauts qui sont le fruit autant de l'envie de briller et de dire d'une manière nouvelle ce que les autres ont dit simplement, que du soin trop marqué d'être naturel à force de familiarité et de négligence ;

4º La *battologie* et la *tautologie* qui consistent dans un amas de mots et d'épithètes identiques ; le *néologisme* qui consiste dans l'usage affecté de mots nouveaux ; le *phébus* et le *galimatias* qui rendent le style obscur et la pensée souvent inintelligible ;

5º *L'amphibologie* et les *équivoques* qui rendent la phrase susceptible d'une double interpré-

tation. Les *équivoques* ne sont permises que dans
les ouvrages badins et lorsqu'elles sont honnêtes.
Elles peuvent avoir alors le mérite de l'épigramme

V

D. Que faut-il faire pour se former à l'art
d'écrire?

R. Les moyens généraux de se former à l'art
d'écrire sont au nombre de trois : 1° *La lecture
des bons modèles; 2° la composition; 3° l'imitation des maîtres.*

D. Qu'avez-vous à dire sur *la lecture des bons
modèles?*

R. La lecture de bons modèles est singulière-
ment propre à développer le germe des talents.
Ces modèles doivent être choisis parmi les écrivains, soit anciens, soit modernes, que l'opinion
publique bien prononcée, certaine, invariable, a
placés au premier rang. Le nombre de ces auteurs
doit être très limité : Il y a plus de science dans
un homme qui n'a lu qu'un petit nombre d'ouvrages, que dans celui qui en a lu beaucoup sans
se donner le temps de les méditer et de les appro-
fondir.

Il faut lire peu à la fois : les objets se fixeront
plus aisément dans l'esprit. Une seule lecture n'est
jamais suffisante pour se pénétrer de l'esprit d'un
auteur.

Pour acquérir de l'oreille et se former soi-même
à l'harmonie du style, le meilleur moyen est de
lire à haute voix les auteurs qui se distinguent
par cette qualité.

D. Qu'avez-vous à dire sur la *composition*,
comme second moyen de se former à l'art d'é-
crire?

R. La *composition* doit être comme le fruit de
la lecture. Celle-ci enrichit l'esprit, celle-là lui
apprend à faire usage de ses richesses. Lorsqu'on
est arrivé au point de tirer les choses de son propre fonds, il faut: 1° méditer son sujet de manière
à le connaître parfaitement; 2° mettre par écrit
ce que la sensibilité et l'imagination suggèreront
de meilleur; non que ce premier jet doive assu-
rer du succès; mais c'est le moment des belles pensées, des sentiments nobles, élevés ou pathéti-
ques ; 3° revoir ce premier jet, le corriger avec
sévérité, en examiner les constructions, les liai-
sons, les tours, les figures, les expressions, et
rejeter tous les mots qui présenteraient quelque
chose d'impropre, d'incorrect, d'irrégulier; 4° sou-
mettre son travail à un homme de goût qui, inflexi-
ble pour les moindres fautes, n'en laisse passer
aucune, et soi-même être docile à la censure.

D. Qu'entendez-vous par *imitation des maîtres?*

R. *L'imitation des maîtres* en chaque genre

forme mieux que tous les préceptes. Cette imitation consiste dans l'art de transporter dans ses propres écrits, les sentiments et les pensées d'un auteur, en les déguisant avec esprit ou en les embellissant.

Il ne faut que des modèles parfaits, et pour s'en approprier les beautés, il faut les lire avec tant d'attention, et se remplir tellement de leur esprit, de leurs expressions et de leurs tours, qu'on puisse en disposer comme de son propre bien, sans gêne et sans contrainte.

Il faut bien se garder de cette imitation qu'on appelle servile et qui conduit au *plagiat*. Le plagiat est l'action de tirer d'un auteur le fonds d'un ouvrage d'invention, le développement d'une notion nouvelle, le tour d'une ou de plusieurs pensées, et de se les attribuer comme son travail propre. Une bonne imitation plie le génie des auteurs au nôtre, sans que le nôtre se plie jamais au leur.

EXERCICES PRÉPARATOIRES.

PREMIÈRE SÉRIE.

Donner des compléments au sujet et à l'attribut de la proposition.

1.

Les brebis bêlent. — Les agneaux bondissent. — La chèvre grimpe. — Les oiseaux gazouillent. — Les bergers chantent. — Les bergères dansent.

2.

La barque vogue. — Les vagues frappent. — Les débris flottent. — Les vents bouleversent. — Le mât est brisé. — La mer traîne.

3.

Les étoiles scintillent. — Le hameau est ombragé. — La poussière tombe. — La cigale chante. — Des troupeaux errent. — La source filtre.

4.

Les grues volent. — Des éclairs brillent. — Le soleil pâlit. — Le sentier conduit. — L'aigle s'abat. — Les soldats arrivent.

5.

Le fleuve coule. — Les lions déchirent. — Les voûtes retentissent. — Le serpent siffle. — La source tarit. — Les oiseaux volent.

6.

Un tonnerre éveille. — Le ver rampe. — L'aurore commençait. — L'eau croupit. — Des poissons vivent. — Les feuilles sont emportées.

7.

La foudre gronde. — La terre tremble. — La pluie tombe. — La corneille annonce. — Les barques vacillent. — Les flots engloutissent.

8.

Les naufragés abordent. — Le vent frémit. — Un rocher est un siége. — Les vapeurs forment. — Les feux sont obscurcis, — Les arbres agitent.

9

Les vallées exhalent. — Le vent détachait. — Le vaisseau vogue. — La surface est labourée. — Le saule abandonne. — Le silence règne.

10.

Le fleuve arrose. — Des savanes se déroulent.

— Des buffles vaguent. — Les vignes s'entrelacent. — Le palmier balance. — Les écureuils se
jouent.

11.

Les perroquets grimpent. — Le sapin balance.
— Un chêne élève. — Le chien marche. — Le
cheval affronte. — Le cheval est indompté.

12.

La chèvre est sensible. — Les fauvettes sont
aimables. — Le paon marche. — Le cygne cap-
tive. — Des sources jaillissent. — La porte est
tapissée.

13.

Un torrent se précipite. — Les flots étincèlent.
— Les vagues s'élancent. — Le fleuve roule. —
La lune montait. — Le souterrain résonne.

14.

Le rivage est blanchi. — Les rives sont om-
bragées. — La rivière fertilise. — L'hiver revêt.
— Des rocailles tapissent. — Un rocher protége.

15.

Les troupeaux ruminent. — Les cheveux flottent. — Le printemps sème. — La montagne

porte. — Une tempête plane. — Les ténèbres succèdent.

16.

Le thym parfume. — La voiture a versé. — Le bœuf traîne. — Les branches craquent. — Le soleil s'est montré. — Les oiseaux volent.

17.

L'homme désespère. — Le vieillard s'éteignit. — La moisson ondule. — L'infortuné espère. — Le commerce enrichit. — Les pyramides s'élèvent.

18.

La méditation perfectionne. — Le vaisseau brave. — La religion ramène. — L'isolement aigrit. — L'harmonie enchante. — La fortune trompe.

19.

L'homme dompte. — Le bienfait rafraîchit. — Le repentir épure. — Le flambeau éclaire. — Les organes s'affaiblissent. — Le voyageur implora.

20.

L'enfant sourit. — La gloire éblouit. — La

piété élève. — Le respect réconcilie. — La fausseté irrite. — L'opiniâtreté offense.

21.

L'expérience manque. — La résignation intéresse. — La simplicité plaît. — L'impudence révolte. — La jeunesse s'abuse. — La reconnaissance récompense.

22.

La modestie relève. — Les études consolent.
— Les défauts répugnent. — L'avenir est un secret. — Le mépris pèse. — La dissimulation est
un présage.

23.

La sincérité recommande. — La douceur séduit.
— La jeunesse s'expose. — Le dédain blesse. —
La volonté peut. — L'habitude endurcit.

24.

La peur oppresse. — La soif tourmente. — Le
conquérant ravage. — Le bonheur est préférable.
— Le crime tremblera. — L'âme connaît.

25.

L'honneur a été flétri. — Le sort menace. —
Les cœurs palpitent. — Le guerrier succombe. —

Cet homme est connu. — La persécution grandit.

26.

Le repas est terminé. — Les livres amusent. — Les remèdes tuent. — Les querelles exaspèrent. — La sévérité rabêtit. — Les médecins sont payés.

27.

La trompette annonce. — Le désir cherche. — L'espérance naît. — Ces lieux impriment. — Le travail dégoûte. — Les regards fascinent.

28.

Le bruit remplit. — Les étoiles parlent. — Un cri retentit. — La passion rapetisse. — Les réputations tombent. — Les partis réagissent.

29.

La sévérité rebute. — L'enfant recueille. — La répétition fatigue. — L'esclavage réduit. — Le vieillard médite. — Les yeux reflètent.

30.

L'ingratitude refroidit. — L'homme regrette. — Le récit réjouit. — La liberté relève. — La haine reluit. — L'économie remédie.

31.

Un événement a renversé. — L'élève répond.

— La crainte réprime. — La conscience reproche.
— La vertu condamne. — Le courage résiste.

32.

L'enfant respecte. — Le malheur resserre. —
La crainte retient. — Le corps retourne. — Un
peuple rétrograde. — Le dépit révèle.

33.

Le présomptueux revient. — Le rire révèle —
Le remords détruit. — Le ver ronge. — La roue
tourne. — Le luxe ruine.

34.

La calomnie salit. — La résignation sanctifie.
— L'esprit enfante. — La sécheresse cause. —
La langue ternit. — La toilette engloutit.

35.

La tombe est sacrée. — La voiture à versé. —
L'ingratitude afflige. — La fréquentation abêtit.
— Le souvenir empoisonne.

36.

La méfiance dénature. — L'orgueil dépare. —
La multitude se divise.—Je survis!—Je m'effraie.
— Nous soupirons.

37.

Vous végétez. — Nous découvrîmes. — Montre-toi. — Nous errons. — Nous descendons. — La fleur se flétrit.

38.

Les douleurs se renouvellent. — Immortalisons-nous. — La vie s'épuise. — La mémoire se rafraîchit. — Le railleur s'expose. — Les lapins se dispersent.

39.

L'horison se charge. — Les eaux se couvrent. — La poussière se répand. — Un lac se creuse. — Le regard se tourne. — Les illusions s'évanouissent.

40.

Je m'assis. — L'opulence se change. — Des savanes se déroulent. — L'imagination se retrace. — Des vieillards se consolent. — La fureur s'annonce.

41.

Les pauvres se réchauffent. — Résignons-nous. — Les revers se supportent. — Je donne. — Les mœurs s'adoucissent. — L'inconduite démolit.

42.

Le loup hurle. — L'ignorance ravale. — Le

meurtrier pâlit. — nous travaillons. — Je contemple. — La prière élève.

43.

L'arbre a produit. — L'intérêt aveugle. — Les oiseaux becquettent. — Le cœur est blasé. — La trompette réveille. — La cabane recèle.

44.

La barque glisse. — Les tableaux représentent. — J'adore. — Eclairez. — Je regrette. — Vous saluez.

DEUXIÈME SÉRIE.

—

Déterminer le sens de la proposition principale
par des propositions incidentes.

45.

La barque chavire. — La rose pique. — Le ruisseau serpente. — La ruse indigne. — La postérité sanctionne. — L'enfant prévoit.

46.

Les conseils sont bons. — Je déplore. — Vous remporterez. — Le silence est nécessaire. — Le soin révèle. — On pardonne.

47.

Un élève est blâmé. — On arrive. — Vous serez aimé. — Pardonnez. — Défions-nous. — Suivons.

48.

Le plaisir est empoisonné — Des plantes s'entrelacent. — Le regard s'égare. — Le sommeil envahit. — Le serpent sort. — Le sanglier se dresse.

49.

Le voyageur rencontre. — Dieu reste. — La

poussière souille. — L'enfant soupire. — Le ciel sourit. — L'espérance soutient.

50.

Les eaux exhalent. — Le torrent submerge. — Le vent tempère. — La récolte console. — La prévoyance protége. — Les allées plaisent.

51.

L'équité triomphe. — La plante se pare. — La mort frappe. — La liberté vivifie. — Les ormeaux ombragent. — L'œil est ébloui.

52.

Le rossignol importune. — Le temps a démoli. — Le despotisme abrutit. — Le jeu appauvrit. — Les pleurs n'attendrissent pas. — Nous compâtissons.

53.

Les ornements embellissent. — L'indulgence enhardit. — Les nuages s'évanouissent. — Les fleurs s'épanouissent. — La maladie a flétri. — Les spectateurs frémissent.

54.

Les bergers gravissent. — Les épis jaunissent. — Les oiseaux jouissent. — Les rochers meurtrissent. — Les taureaux mugissent. — Les fruits mûrissent.

55.

Les plantes pâlissent. — Les romans pervertissent. — Le commerce polit. — On recueille. — Les arbres refleurissent. — L'ingratitude refroidit.

56.

La vue réjouit. — Les entreprises réussissent. — La langue salit. — Le cœur souffre. — La rougeur trahit. — La prospérité aveugle.

57.

La troupe défile. — L'enfant se désole. — L'hypocrite dissimule. — Le lâche recule. — La rose brille. — L'ambitieux sommeille.

58.

Je me cramponnai. — La grotte se creuse. — La cascade tombe. — Nous gravîmes. — Le lac s'arrondit. — Je marchais.

59.

Les chevreuils passent. — Les eaux circulent. — Le torrent entraîne. — Les pèlerins prient.

— Nous cherchâmes. — Les brouillards s'éle-
vaient.

60.

La conscience condamne. — Il fredonne. —
L'égoïsme gangrène. — La paysanne glane. —
Ne lésinez pas. — Les eaux minent.

61.

Les enfants se mutinent. — Le fat se pavane.
— La gloire rayonne. — Réfrenez vos passions.
— La foudre sillonne. — La trompe sonne.

62.

Le voleur décampe. — Les arbrisseaux déve-
loppent. — La pente accélère. — Le sauvage
admire. — La culture améliore. — Les rayons
colorent.

63.

Les rayons décolorent. — Les peuples dégénè-
rent. — Je déplore. — On désespère. — On se
déshonore. — Le temps détériore.

64.

La modestie plaît. — Le loup dévore. — Les

3

paroles coulent. — Divisez. — On cherche à briller. — La gloire pâlit.

65.

Ne désespérez pas. — La lampe s'éteignit. — Conduisez-moi. — Votre courage s'abat. — Ne nous effrayons pas. — Le missionnaire s'endormit.

66.

Ainsi périssent les traîtres. — Vous serez déchiré. — On se perfectionne. — L'examen découvrira. — Domptez. — Il faut braver.

67.

Les vaisseaux ramènent. — Le pâtre siffle. — La conversation tarit. — Je vole. — Ne vous endormez pas. — La résistance irrite.

68.

Une lampe éclaire. — Le parfum trahit. — L'imagination égare. — Allons. — La mort est belle. — Nous trouverons.

69.

Je vous invite. — Les ruines inspirent. — C'est un beau spectacle. — L'étude passionne. — Mon cœur est triste. — La haine excite.

TROISIÈME SÉRIE.

—

Emploi des conjonctifs. — Achever la phrase.

70.

Après avoir traversé la rivière... — C'est là que... — Comme je contemplais... — Mon âme était livrée à..., lorsque... — Dès que l'orage se fût dissipé... — A peine fûmes-nous arrivés devant l'habitation... que...

71.

Pendant que vous cueillerez des fleurs... — Je vous permets de jouer; néanmoins... — Je vous aime, mon enfant; c'est pourquoi... — Si chacun pouvait agir selon sa volonté... — Nous vous soumettons à des études sérieuses, parce que... — Quand je rends service...

72.

Malheur à vous si... — Les enfants ne furent pas plus tôt réunis sur la rive que... — Aussitôt que le voyageur fut entré dans la cour du château... — A peine les deux vaisseaux eurent-ils déployé leurs pavillons, que... — Il est incontestable que... — Une fois que vous aurez goûté...

73.

Si vous obtenez des succès... — C'est vous qui... Néanmoins... — A peine fûmes-nous descendus sur le rivage, que... — Les deux sœurs s'aimaient tellement que... — N'est-ce pas ici que ..? Cependant...

74.

Pourquoi avez-vous manqué...? — Les flatteurs prodiguent les louanges; mais... — Après que j'eus rendu les derniers devoirs à mon ami... —Cette fleur est admirablement dessinée; mais... — Quoique la richesse procure... — Je suivais de l'œil le cours sinueux de la rivière; tantôt... tantôt...

75.

On doit oublier les offenses; mais... — Appliquez-vous à... si... — Le voyageur commençait à s'endormir, quand... — A minuit, le guerrier entra dans le temple; il s'agenouilla sur les premières dalles, puis... — Allez cueillir des fleurs; ensuite... puis... — Parce que vous jouez trop...

76.

Il y a moins de gloire à... que... — Nous trouvons plus de bonheur... que... — Naturelle-

ment nous sommes plus..... que..... et cependant... — Votre prononciation me plaît autant
que... — Plus vous serez... plus... — Vous mon-
trez plus de... que de...

77.

Ou vous travaillerez... ou... — Ni l'or ni... —
Ces arbres portent de bons fruits; aussi...—Vous
habitez la campagne...; donc... — Toute faute
mérite châtiment; or... — Vous êtes d'autant
plus coupable... que...

78.

Quel spectacle... que... — Depuis que vous
êtes riche... — Ni les talents ni les vertus ne... —
Pendant que le vieillard sommeille... — Pourvu
que le temps nous favorise... — Nous avons fait
plus de travail qu'on ne nous en demandait; par
conséquent...

79.

Quand on est arrivé au port... — A moins que
nous supposions Dieu injuste... — A mesure que
le soleil monte... — Soyez franc...; d'ailleurs...
— Restez ici... quant à moi... — Agissez toujours avec prudence; au reste...

80.

Bien que les chemins soient sûrs... — Je n'ai aucun autre conseil à vous donner, d'autant que... — J'aime surtout... — Hâtons nos pas, sinon... — Nous voilà enfin délivrés... — Non-seulement... mais encore...

81.

Tant que je vivrai... — Vous blâmez votre fils; pourtant... — Attendu que vous n'avez pas apporté... — Voici venir l'orage : d'abord... — Où choisir d'assez fraîches couleurs pour... — Lorsque le vent fait légèrement onduler les nuages et...

82.

Une preuve que votre conduite est répréhensible, c'est que...— Dans quelque position que nous ait placés la Providence...—Vous avez été trompé, sans que... — Si grande que soit votre fortune... — Souvenons-nous que... — Il est toujours facile de remplir sa vie... sans...

QUATRIÈME SÉRIE.

—

83.

Craindre. — Malheur. — Tombe. — Contra-
diction. — Préférer. — Torrent.

84.

Pauvre. — Médisance. — Opinion. — Parse-
mer. — Flatter. — Ignorer.

85.

Louange. — Sang. — Heureux. — Religion.
— Égoïsme. — Mal.

86.

Égratigner. — Grand. — Cœur. — Méchant.
— La manœuvre. — Renverser.

FIN.

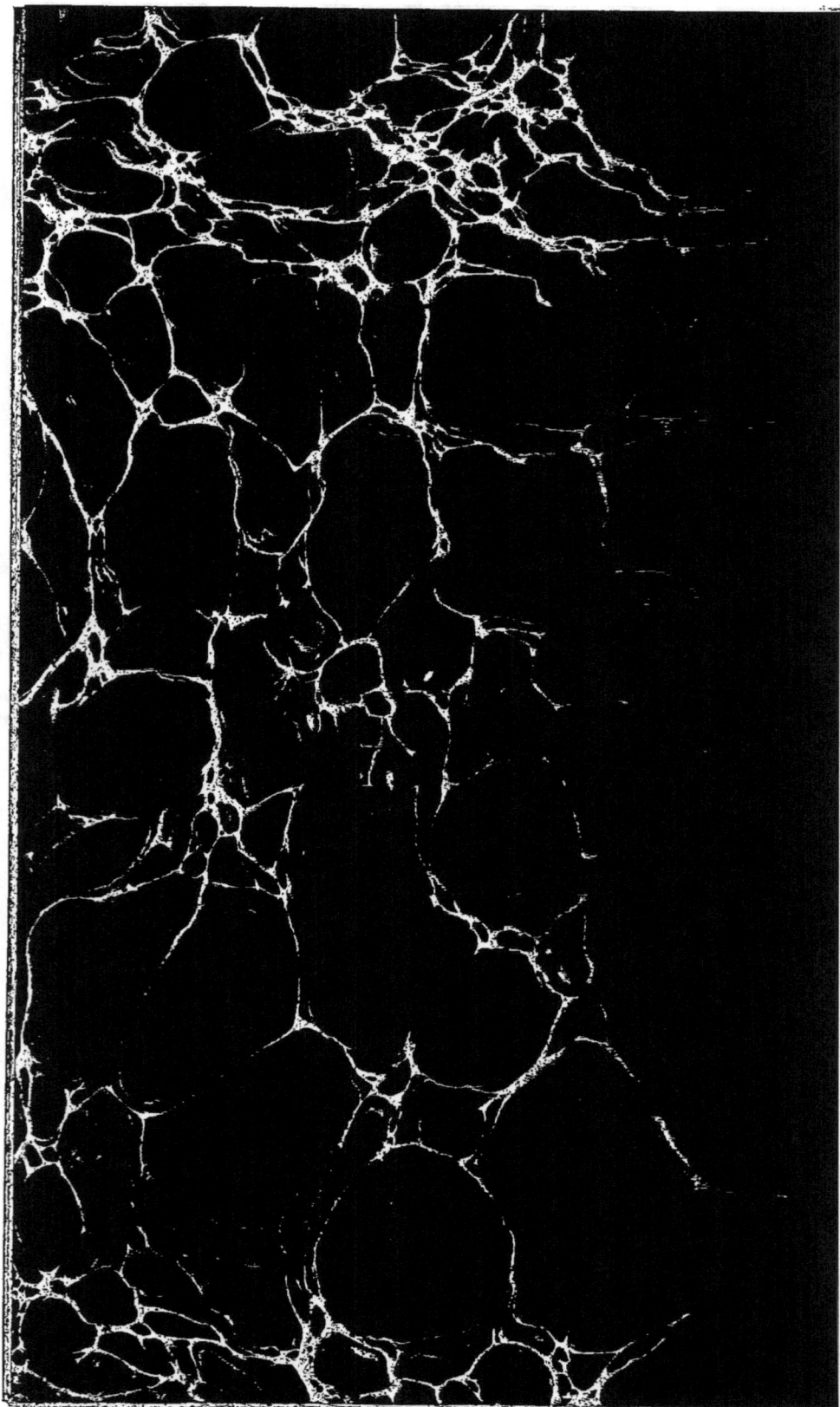

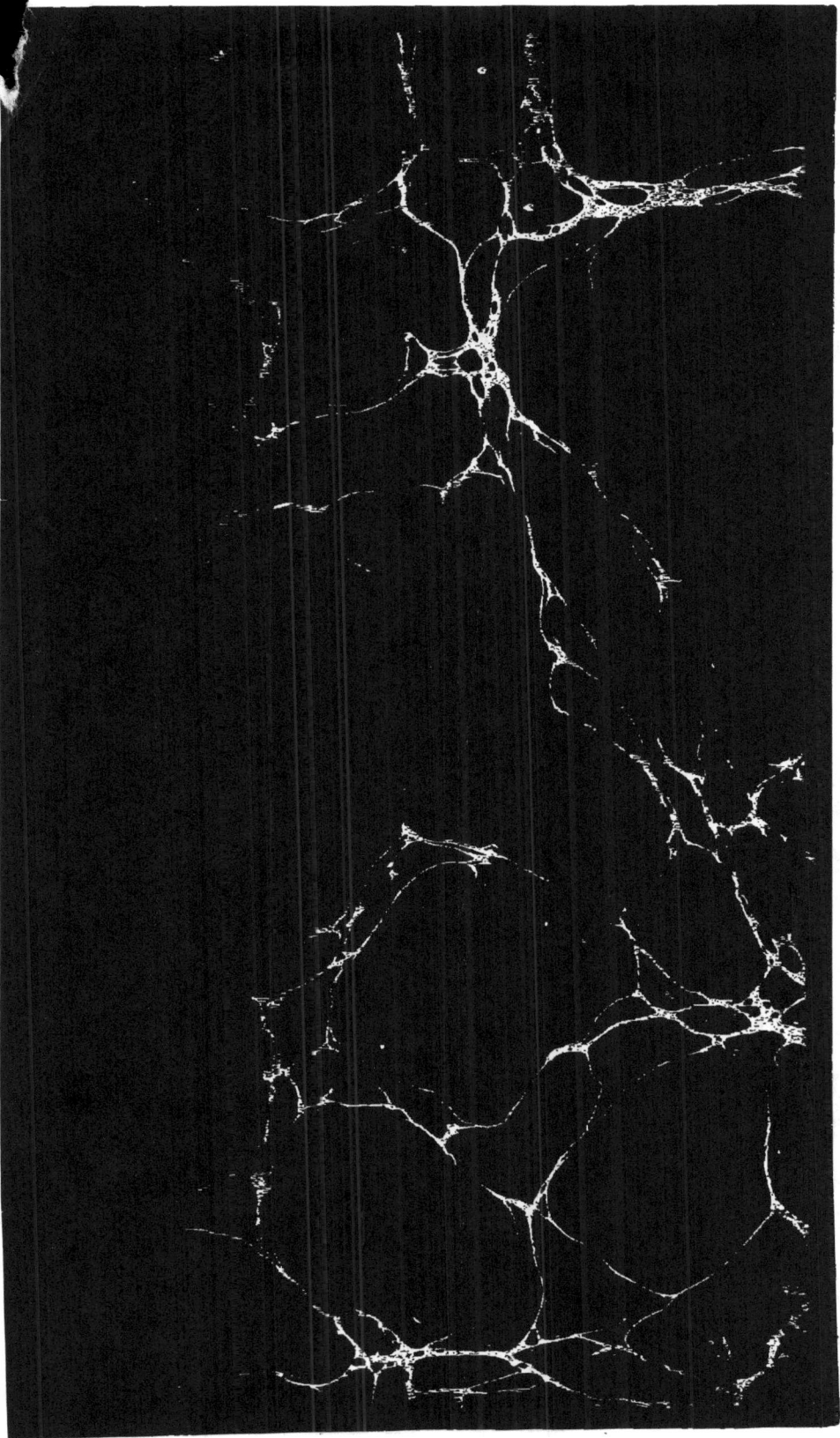